LOI DU 28 DÉCEMBRE 1880

ARTICLE 3.

« L'impôt établi par la loi du 29 juin 1872 sur les produits
« et bénéfices annuels des actions, parts d'intérêts et com-
« mandites, sera payé par toutes les sociétés dans lesquelles
« les produits ne doivent pas être distribués en tout ou en
« partie entre leurs membres. Les mêmes dispositions s'ap-
« pliquent aux associations reconnues, et aux sociétés ou
« associations même de fait existant entre tous où quelques-
« uns des membres des associations reconnues ou non re-
« connues.

« Le revenu est déterminé : 1° pour les actions, d'après les
« délibérations, comptes rendus ou documents prévus par le
« premier paragraphe de l'article 2 de la loi du 29 juin 1872 (a);

« 2° Et pour les autres valeurs, soit par les délibérations
« des conseils d'administration prévues dans le troisième
« paragraphe du même article, soit par la déclaration des
« représentants des sociétés ou associations, appuyée de
« toutes les justifications nécessaires, soit à défaut de délibé-
« rations et de déclarations, à raison de 5 p. 100 de l'évalua-
« tion détaillée des meubles et des immeubles composant le
« capital social.

« Le paiement de la taxe applicable à l'année expirée sera
« fait par la société ou l'association, dans les trois premiers
« mois de l'année suivante, sur la remise des extraits des
« délibérations, comptes rendus ou documents analogues, et
« de la déclaration souscrite conformément à l'article 16 de
« la loi du 22 frimaire an VII (b).

« L'inexactitude des déclarations, délibérations, comptes
« rendus ou documents analogues, peut être établie confor-
« mément aux articles 17, 18 et 19 de la loi du 22 frimaire
« an VII, 13 et 15 de celle du 23 août 1871 (c).

Voir aux Références. — (a) N° IX. — (b) N° I. — (c) N°. VIII

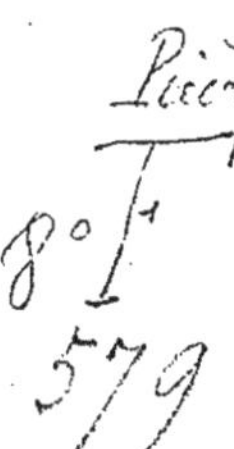

« Chaque contravention aux dispositions qui précèdent et à
« celles du règlement d'administration publique qui sera fait,
« s'il y a lieu, pour leur exécution, sera punie conformément
« à l'article 5 de la loi du 29 juin 1872 (a).

« Sont maintenues toutes les dispositions de cette dernière
« loi et du règlement d'administration publique du 6 dé-
« cembre 1872 qui n'ont rien de contraire aux présentes dis-
« positions. »

ARTICLE 4.

« Dans toutes les sociétés ou associations civiles qui admet-
« tent l'adjonction de nouveaux membres, les accroisse-
« ments opérés par suite de clauses de réversion au profit
« des membres restants, de la part de ceux qui cessent de
« faire partie de la société ou association, sont assujettis au
« droit de mutation par décès, si l'accroissement se réalise
« par le décès, ou aux droits de donation, s'il a lieu de toute
« autre manière, d'après la nature des biens existant au jour
« de l'accroissement, nonobstant toutes cessions antérieures
« faites entre vifs au profit d'un ou de plusieurs membres de
« la société ou de l'association.

« La liquidation et le paiement de ce droit auront lieu dans
« la forme, dans les délais et sous les peines établies par les
« lois en vigueur pour les transmissions d'immeubles. »

Références. — (a) N° IX.

INSTRUCTION

SUR LES

ARTICLES 3 ET 4 DE LA LOI DU 28 DÉCEMBRE 1880

Ce document, destiné à être conservé dans les archives, ne doit pas être lu publiquement dans les maisons.

OBSERVATIONS

Nonobstant le titre ci-dessus, qui embrasse les articles 3 et 4, cette Instruction n'a pour but que d'offrir à toutes les maisons de l'Institut des Frères des Écoles Chrétiennes les renseignements dont elles peuvent avoir besoin, au sujet de l'application de l'art. 3.

Reconnu par l'Etat, et jouissant de la personnalité civile, l'Institut ne possède que des *biens* dits *de main morte*, qui paient un impôt spécial ; mais ne sont jamais assujettis aux droits de mutation, soit par décès, soit par donation, réversion, etc.

L'article 4 s'applique, au contraire, aux associations ou sociétés *non reconnues*, dont les membres ont fait un acte ou pacte tontinier, dans lequel on spécifie :

a) Un *aléat*, qui assure au dernier survivant la possession ou propriété complète des biens meubles et immeubles acquis par la société ;

b) La clause d'adjonction possible ou éventuelle de nouveaux membres.

Il peut y avoir, dans l'Institut, des Frères qui aient formé des pactes tontiniers, pour ce qui concerne des propriétés particulières ou personnelles ; le vœu simple de pauvreté ne faisant point obstacle à ce que l'on possède des biens meubles et immeubles, sauf à disposer des revenus conformément aux Règles de l'Institut.

Mais il est probable qu'aucun des pactes tontiniers, s'il en existe, ne renferme la clause *d'adjonction de nouveaux membres*. Si cependant quelques Frères, ayant fait des conventions tontinières, avaient des droits à payer, par suite de décès, ils pourront demander des éclaircissements et des conseils au Frère Secrétaire Général, qui, au besoin, soumettrait les questions à la Commission du contentieux. Cela dit, nous ne croyons pas qu'il soit nécessaire de s'occuper davantage de l'article 4, dans une INSTRUCTION exclusivement adressée aux maisons de l'Institut des Frères des Écoles Chrétiennes.

Il en est autrement de l'article 3, dont l'application aura lieu désormais après les trois premiers mois de chaque année, pour l'exercice de l'année précédente. Ainsi, c'est dans le mois d'avril prochain qu'il faudra payer l'impôt 3 pour cent pour l'année courante.

Avant d'indiquer ce que devront faire à cet égard les diverses communautés, nous commencerons par donner quelques explications sur la portée ou l'étendue des prescriptions contenues dans l'article 3 de la loi dont il s'agit.

I. — Sociétés soumises à la taxe.

Sans parler des sociétés, compagnies et entreprises quelconques, financières, industrielles, commerciales ou civiles, sur lesquelles était prélevé l'impôt 3 pour cent, créé par la loi du 29 juin 1872, ce sont spécialement les Instituts religieux que l'on a voulu atteindre, en disant, dans la loi du 28 décembre 1880, que l'impôt établi en 1872 devra être payé par toutes les sociétés dans lesquelles les produits ne doivent pas être distribués entre leurs membres, et que les mêmes dispositions s'appliquent « *aux associations reconnues et aux asso-* « *ciations même de fait existant entre tous ou quelques-uns* « *des membres des associations reconnues ou non reconnues.* »

Le 1er paragraphe de l'article 3 est rédigé de telle sorte qu'il semble qu'on ne fasse qu'étendre à certaines sociétés, exemptées à tort, les dispositions de la loi du 29 juin 1872 ; mais, en réalité, c'est un *impôt nouveau* qui est créé ou perçu contrairement à cette même loi.

En effet, la loi de 1872 frappe d'un impôt non pas les *bénéfices réalisés*, mais les *bénéfices distribués* aux associés, actionnaires, etc. Ce sont, par conséquent, les *associés* qui paient cet impôt, et non la *société*.

La loi de 1880, au contraire, ne pouvant atteindre des *associés* qui renoncent à tout *bénéfice pécuniaire*, frappe du nouvel impôt la *Société*, en taxant à 3 pour cent les *bénéfices réalisés*, s'il y en a ; et elle cherche à en trouver, ou à en supposer, par cela seul que les *Sociétés*, c'est-à-dire les *Congrégations religieuses*, possèdent des *immeubles* et des *meubles*, quoique ceux-ci ne donnent aucun revenu, et ne servent qu'à des œuvres de zèle, de piété, de charité et de dévouement. Ce sont donc les *Sociétés* qui paieront l'impôt, lors même qu'elles ne réaliseront point de bénéfices, à moins qu'elles ne puissent prouver évidemment que leurs recettes et leurs dépenses se balancent exactement, ce qui souvent offrira des difficultés, et même des inconvénients graves.

Il est donc probable que l'administration de l'Enregistrement voudra soumettre presque toutes les maisons des Congrégations religieuses à l'impôt établi par la loi de 1880. Nous ferons observer d'abord que les maisons de notre Institut sont étrangères à la détermination du revenu « *pour les actions* ».

II. — Détermination du revenu ou base de l'impôt, pour les valeurs autres que les actions.

Ainsi qu'on l'a vu dans le texte de l'article 3, la loi admet trois moyens ou modes différents pour déterminer les bénéfices réalisés, ou le revenu :

1° LES DÉLIBÉRATIONS DES CONSEILS D'ADMINISTRATION ;

2° LES DÉCLARATIONS DES REPRÉSENTANTS DES SOCIÉTÉS ;

3° L'ÉVALUATION DÉTAILLÉE DES MEUBLES ET DES IMMEUBLES COMPOSANT LE CAPITAL SOCIAL.

Les sociétés ont, en général, la liberté d'option pour l'un ou l'autre de ces trois modes. Elles peuvent aussi remplacer le mode d'abord adopté, par un autre à la fin de chaque exercice ou année, et même après l'expiration des trois mois de délai pour le paiement.

L'organisation de l'Institut, telle qu'elle résulte des Statuts visés par le Grand-Maître de l'Université, en vertu de l'article 109 du décret du 17 mars 1808, ne permettra pas à la plupart des communautés, peut-être même à aucune, d'employer le premier mode.

III. — Délibérations des conseils d'administration.

Quoique nos Règles fassent mention de ces conseils (1), dont les délibérations ou « *Arrêtés des comptes* » sont vérifiées annuellement par le Frère Visiteur du district, il est à craindre que les Receveurs de l'Enregistrement ne veuillent point admettre qu'il y ait un conseil d'administration dans le sens légal du mot, surtout dans les maisons qui ne comptent qu'un très petit nombre de Frères, dont plusieurs peuvent être mineurs.

Ce premier mode offrirait cependant cet avantage : que les extraits des délibérations des conseils d'administration n'ayant besoin d'être accompagnés d'aucune justification ou document à l'appui, les communautés ne seraient pas exposées à des investigations qui peuvent être fort désagréables.

Le contrôle de l'Enregistrement pourrait sans doute être exercé; mais ce serait lui qui, étant *demandeur*, devrait rapporter la preuve de son allégation, s'il voulait contester l'exactitude des délibérations, sans qu'il pût exiger communication des écritures, c'est-à-dire des divers livres d'administration de la *Société* ou *Communauté*, ni des documents qui s'y réfèrent, comme : factures, mémoires, quittances, etc.

La Communauté étant *défenderesse*, dans l'action judiciaire devant le tribunal, n'aurait qu'à dire à l'administration de l'Enregistrement : « Puisque vous prétendez que j'ai fait des « bénéfices, lorsque je déclare ne pas en avoir fait, ou que ces « bénéfices sont supérieurs à ceux qui sont énoncés dans la « délibération de mon conseil d'administration, vous n'avez « aucun droit à me demander des justifications; mais il vous « incombe le devoir de prouver l'inexactitude que vous pré- « tendez exister dans la délibération dont l'extrait a été dé- « posé. »

Nos grandes communautés, et spécialement les Noviciats et

(1) Règle du Gouvernement, ch. XI, 10. — XI° Chapitre Général, 10° arrété.

les Pensionnats, où il existe toujours un conseil, composé de quatre ou cinq membres, pourront donc essayer de faire admettre par les Receveurs de l'Enregistrement l'extrait de l'arrêté des comptes, fait chaque année, dans les premiers jours de janvier, et embrassant toute l'année précédente.

Nous disons qu'on pourra *essayer*, parce que les STATUTS, approuvés par le Gouvernement en 1840, ne font pas mention des « CONSEILS D'ADMINISTRATION », comme on peut le voir dans les trois articles suivants de la SECTION PREMIÈRE, qui seuls indiquent comment l'Institut est administré, soit dans son ensemble, soit pour chaque maison particulière.

« ART. 3. — L'Institut est gouverné par un Supérieur Géné-« ral, lequel est perpétuel. Il a pour adjoints des assistants, « qui sont son conseil, et l'aident à bien gouverner.

« ART. 7. — Les maisons particulières sont gouvernées « par des Frères Directeurs, qui sont trois ans en place...

« ART. 8. — Le Supérieur Général nomme des Visiteurs; ils « sont aussi trois ans en place, et font leurs visites une fois « par an. Ils exigent des Directeurs un compte de la recette « et de la dépense ; et, aussitôt que la visite est finie, ils font « au Supérieur Général leur rapport de ce qu'il faudrait cor-« riger dans chaque maison. »

Il ressort bien de ces trois articles combinés que chaque maison jouit d'une certaine *autonomie* pour l'administration temporelle, sous la haute direction et surveillance du Supérieur Général, lequel envoie chaque année des Visiteurs pour apurer les comptes, en établir la balance, et constater les bénéfices ou les pertes de l'exercice, selon le cas. Mais c'est à la *Règle du Gouvernement* qu'il faut recourir pour savoir que le Sous-Directeur au moins, dans les maisons ordinaires, participe au règlement des comptes, et qu'en outre le Procureur et un autre Frère y participent également dans les maisons importantes; et qu'il y a, par conséquent, des conseils d'administration proprement dits dans beaucoup de nos maisons, ayant très réellement la gérance des biens des maisons particulières, dont ils rendent compte au Supérieur Général qui les nomme, et envers lequel ils sont responsables. Or la *Règle du Gouvernement* n'a pas une autorité ou valeur légale comme nos STATUTS, qui seuls ont été approuvés par le Gouvernement.

Si nous ne parvenions pas à faire accepter, au moins pour nos principales maisons, les EXTRAITS DES DÉLIBÉRATIONS DES CONSEILS D'ADMINISTRATION, et qu'il fallût, par suite, renoncer à l'emploi du premier mode, pour déterminer le revenu ou les bénéfices imposables, c'est au second mode qu'il faudrait recourir.

IV. — Déclarations des représentants des sociétés ou associations.

LES DÉCLARATIONS DES REPRÉSENTANTS DES ASSOCIATIONS doivent énoncer, comme les DÉLIBÉRATIONS DES CONSEILS D'ADMINISTRATION dont elles tiennent lieu, les produits ou bénéfices faits pendant l'année qui vient de finir. A ce point de vue, il y a donc analogie complète entre les *délibérations* et *les déclarations*.

Mais ces dernières, aux termes de la loi, doivent être « *appuyées de toutes les justifications nécessaires* », et c'est là non seulement une différence très considérable, mais même inquiétante ; car il n'est pas facile de savoir jusqu'où s'étendront les exigences des Receveurs de l'Enregistrement, au sujet de la provenance des recettes et des dépenses, et si leurs prétentions n'iront pas jusqu'à vouloir la production des documents les plus confidentiels, et la révélation des noms des personnes charitables qui ont voulu garder l'anonyme ! Ce qui serait intolérable et inadmissible.

Les *représentants des associations* dans notre Institut, ce sont les Frères Directeurs, chacun pour sa communauté ou association respective. Nous ne pensons pas qu'il puisse surgir la moindre objection à cet égard de la part des Receveurs de l'Enregistrement, puisque l'article 7 de nos Statuts le déclare d'une façon on ne peut plus explicite, comme on l'a vu ci-devant.

« La *déclaration*, souscrite conformément à l'article 16 de la loi du 22 frimaire an VII » (*a*), peut être écrite sur papier non timbré, et doit être remise au bureau du Receveur de l'Enregistrement dans le ressort duquel se trouve la communauté, ou « *siège social* ».

Références. — (*a*) N° I.

Quant aux «*justifications nécessaires* », qui doivent appuyer la *déclaration*, nous avons déjà dit combien il est difficile de savoir tout ce qui pourra être demandé, sous le prétexte de n'exiger que les *« justifications nécessaires* ».

Il n'est pas douteux qu'on ne demande au moins :

1° le compte sommaire des recettes et des dépenses de l'année;

2° les titres en vertu desquels les recettes ont été effectuées et les dépenses payées. Nous enverrons des modèles d'après lesquels il sera facile à chaque communauté d'établir le compte des recettes et des dépenses, et nous allons indiquer ci-après quelques précautions utiles, pour que les titres à produire en fait de dépenses ne constituent pas eux-mêmes un nouvel impôt assez considérable, par rapport aux faibles ressources de nos maisons.

PRODUITS PASSIBLES DE L'IMPÔT. — Ils comprennent, *sauf les déductions à faire*, toutes les sommes perçues, à quelque titre que ce soit. Ainsi il faut mentionner à l'article RECETTES :

a) Les allocations, soit budgétaires, soit autres, perçues comme traitements des Frères.

b) Les quêtes, collectes et aumônes dont le produit sert à l'entretien des Frères, des écoles ou des immeubles.

c) Les arrérages ou rentes des fonds publics, qui, *en vertu d'un décret du Gouvernement*, forment la dotation totale ou partielle de quelques établissements.

d) Les légumes et les fruits non consommés dans les maisons, mais vendus au dehors.

e) Tout ce qui augmente l'*avoir* ou le *capital social*, en un mot, doit figurer parmi les *produits imposables*.

Les valeurs mobilières ou immobilières, *acquises au moyen des produits de l'année*, en augmentation du *capital social*, sont même passibles de l'impôt.

DÉDUCTIONS A FAIRE SUR LES PRODUITS. — On doit déduire du montant des produits réels, tel qu'il est établi, soit par les délibérations des conseils d'administration, soit par les *déclarations des représentants des associations*, toutes les charges correspondantes acquittées pendant l'année.

Elles comprennent notamment :

a) L'entretien complet du personnel de la communauté : nourriture, vêtements, chauffage, éclairage, etc.

b) Les émoluments des professeurs étrangers, gages des domestiques et des hommes de journée, etc.

c) Le prix de location des bâtiments, s'il y a lieu, les réparations locatives, l'entretien du mobilier, etc.

d) Les intérêts des dettes et autres charges des fruits, les contributions, droits de patente, impositions de toute nature, assurance contre l'incendie, etc.

e) Les frais de culte, d'infirmerie, d'eaux, de vidange, etc.

f) Les remboursements annuels aux noviciats pour frais de formation des sujets, soins aux malades et vieillards, etc.

N B. Les offrandes volontaires et arbitraires pour des œuvres pies ou charitables, les aumônes un peu considérables, et généralement les libéralités, ne seront peut-être pas admises par l'Enregistrement comme DÉDUCTIONS SUR LES PRODUITS.

Comme *documents justificatifs des déductions*, nous signalons tout particulièrement ceux qui attestent le paiement de fournitures, de quelque nature qu'elles soient : pain, vin, viande, légumes, épiceries, drap, toile, etc., etc.; comme aussi les travaux pour réparations ordinaires ou entretien des immeubles, du mobilier, etc., les impositions et contributions de toute nature, etc.

Tous les documents relatifs aux paiements de ces dépenses devront être rédigés sous forme de *quittances*, et non de *factures*, ni de *mémoires*. Les *quittances*, en effet, ne sont soumises, lorsque la somme dépasse 10 francs, qu'au timbre de 0 fr. 10, tandis que les *factures* non timbrées, et les *mémoires* portant seulement le timbre de 10 centimes, pourraient rendre nos maisons passibles d'amendes plus ou moins considérables. Les *mémoires* sont assujettis au timbre de dimension, c'est-à-dire que chaque feuille d'un mémoire doit être écrite sur papier timbré. Il y a donc grande économie à ne produire que des *quittances* avec timbre de 0 fr. 10.

Pour que les *quittances* ne puissent pas être assimilées à des *mémoires*, il faut éviter d'y faire figurer aucun détail. Ainsi, le boulanger doit se borner à donner *quittance* pour le pain fourni pendant un mois, un trimestre, ou même une année ; il devra conserver, toutefois, sur son registre, comme la communauté sur le sien, le détail de sa fourniture, dont le total doit égaler la somme portée sur la *quittance* délivrée à nos Frères.

Le boucher, l'épicier et les autres fournisseurs en feront de même. Les livres ou registres des fournisseurs serviraient, au besoin, à prouver l'exactitude des *quittances* délivrées par eux, quoique l'administration n'ait pas, à notre avis, le droit de faire la vérification sur les registres des fournisseurs, pas plus que sur *les registres de nos communautés*.

V. — Registres ou Livres d'administration.

Les Frères Directeurs auront sans doute compris qu'à partir du 1er janvier 1881, la comptabilité de nos maisons devait être tenue avec encore plus de soin et d'exactitude que par le passé, et qu'il était même nécessaire de grouper les articles, tant des recettes que des dépenses, de telle manière que l'on puisse facilement, au 31 décembre, résumer en quelques chapitres, bien clairs et bien distincts, tout ce qui concerne l'administration économique de chaque maison pendant l'année.

Cet état ou balance des comptes, signé et certifié véritable par le F. Directeur et les membres de son conseil, puis vérifié, approuvé et signé par le F. Visiteur du district, nous paraît devoir offrir à l'administration de l'Enregistrement toutes les garanties de l'exactitude, et aussi les indications nécessaires pour exercer son contrôle, et asseoir l'impôt nouveau, 3 0|0, sur les *produits imposables.*

Les anciens registres n'ayant pas été tenus en vue de l'impôt nouveau, et renfermant peut-être des indications hasardées ou inexactes, seront avantageusement remplacés, dans la plupart de nos maisons, par des registres nouveaux, commençant avec l'année courante, et ne mentionnant, comme report des registres anciens, que les dettes, s'il en existait au 31 décembre.

Quoique ces nouveaux registres ne doivent pas être communiqués aux Receveurs de l'Enregistrement, ni à aucune autre personne étrangère à notre Institut, on omettra généralement d'y inscrire les noms des bienfaiteurs et des personnes charitables, tout en y portant très exactement les sommes qu'on recevra d'eux. Les bienfaiteurs doivent être inscrits cependant, lorsqu'ils ne s'y opposent pas, sur le registre de l'Historique de chaque Maison.

Quant aux dons *anonymes*, qui concourent à l'entretien de plusieurs de nos maisons, il suffit de les inscrire sous ce titre : « Aumônes recueillies en diverses circonstances. »

Il y a des personnes qui, pour mieux assurer l'*anonyme*, s'adressent à certains prêtres, à des Frères étrangers aux maisons destinataires, ou même à notre Procure Générale, pour faire parvenir leurs libéralités. Les registres ne doivent pas plus mentionner les personnes interposées et la Procure Générale que les donateurs eux-mêmes. On entrera ainsi plus parfaitement dans les intentions des personnes charitables, qui, voulant mettre en pratique ce conseil de l'Évangile : *Lorsque tu fais l'aumône, que ta main gauche ne sache pas ce que fait ta droite* (1), désirent que rien absolument ne les désigne ou ne les fasse soupçonner comme bienfaitrices de telle ou telle maison.

Il y a, au contraire, des ressources financières dont les titres nominatifs sont déposés à notre Procure Générale, et qu'il faudra inscrire aux recettes avec l'indication : « Rentes servies par la Procure Générale, provenant du legs ou de la donation, selon le cas, de M. N...» Ces rentes, *autorisées par des décrets du Gouvernement*, n'ont pas le caractère confidentiel de l'*anonyme;* on ne manque pas au secret ni aux intentions des bienfaiteurs en désignant la source d'où elles proviennent.

Nos scolasticats et nos noviciats sont les seuls établissements auxquels la Procure Générale envoie des secours, provenant des remises obtenues chez les éditeurs et les fournisseurs des objets classiques demandés par les districts. On doit par conséquent en indiquer la provenance sur les registres d'administration. Ces remises obtenues des éditeurs et des fournisseurs servent aussi à l'entretien de la Maison Mère, qui n'a guère d'autres recettes assurées, et a besoin que la Providence inspire à des âmes charitables de lui venir en aide.

Cette observation a pour but de prévenir des inexactitudes dans les écritures et dans les renseignements que certaines maisons, qui ont reçu plus ou moins fréquemment des secours *par l'intermédiaire de la Procure*, pourraient fournir aux Re-

____

(1) S. Matth., VI, 3.

ceveurs de l'Enregistrement, qui leur demanderaient si la
Maison Mère ou la Procure ne leur envoient pas de l'argent.
Nous avons dit ci-dessus quels sont les seuls titres de rente
que la Procure possède, et dont elle sert les arrérages. Les
autres secours reçus par son intermédiaire sont des libéralités dues à des âmes pieuses; ils doivent figurer, comme nous
l'avons dit, sous le titre : « Aumônes reçues de bienfaiteurs
anonymes en diverses circonstances. »

VI. — Évaluation détaillée des meubles
et des immeubles, ou forfait à 5 0/0.

Ce troisième mode d'apprécier et de fixer *le revenu impo-
sable*, qui pourrait paraître d'abord plus facile et plus simple
que le deuxième, puisqu'on n'a pas à produire l'état des
recettes et des *dépenses,* ni les *justifications* qui s'y réfèrent,
peut donner lieu cependant à des difficultés très graves ; et,
comme nous l'avons déjà dit, faire établir un impôt très onéreux sur des immeubles qui, bien loin de produire un revenu, exigent des dépenses considérables de la part de nos
communautés.

L'inventaire des biens meubles, qu'il faut déposer, amène-
rait peut-être des investigations sur certaines libéralités,
dont les *donateurs* veulent garder absolument l'*anonyme,* et
que, sous aucun prétexte, nos Frères ne doivent point violer.
Les erreurs ou omissions dans ledit inventaire, l'estimation
article par article, et bien d'autres motifs encore, peuvent
devenir l'occasion ou le prétexte de poursuites judiciaires,
qu'il importe d'éviter.

D'ailleurs, il nous suffira d'un calcul bien simple pour
faire voir, qu'en dehors des considérations précédentes,
l'ÉVALUATION A 5 0/0 constituerait un impôt exorbitant pour
nos maisons, car il serait beaucoup plus élevé que celui qui
résultera des DÉCLARATIONS, ou du second mode.

1er Exemple. — En supposant qu'un établissement soit
complètement fondé pour trois Frères : l'immeuble peut être
évalué à 42.000 fr., le mobilier à 3.000 fr., la rente annuelle à
2.500 francs.

Les 42,000 fr.; plus 3,000 fr. ou 45,000 fr. (immeuble et mobilier) à 5 0/0 seront censés produire 2250 fr. de revenu, lesquels joints à la rente annuelle égalent 4,750 francs, base de l'impôt 3 0/0.

Cette communauté aurait donc à payer 142 fr. 50 d'impôt, somme supérieure probablement aux économies qui seraient faites les années où des réparations importantes aux bâtiments, des maladies ou d'autres causes n'auraient pas exigé une augmentation sur les dépenses ordinaires et régulières.

Mais, en admettant que la même communauté puisse faire annuellement 200 fr. d'économie, si le Frère Directeur fait une DÉCLARATION avec toutes les justifications nécessaires, l'impôt à payer ne sera plus que de 6 fr. ; et il sera zéro les années où il n'y aura point de reliquat dans la balance des comptes.

2e Exemple. — Il s'agit d'un établissement communal : les trois Frères reçoivent une allocation de 2.100 fr., et le mobilier appartient à la ville.

Par le 3e mode, ou FORFAIT à 5 0/0, cette maison paiera annuellement 63 fr. ; tandis qu'en recourant au 2e mode, la DÉCLARATION, et admettant encore 200 fr. d'économie, ou reliquat de la balance, l'impôt 3 0/0 sera de 6 fr. seulement ; et, s'il n'y a pas de reliquat, ce sera zéro.

Nous devons aborder maintenant un sujet fort délicat, et d'autant plus difficile à traiter, qu'en dehors des employés de l'Enregistrement, et de quelques rares jurisconsultes qui ont fait des études spéciales sur la matière, très peu de personnes connaissent exactement quelles sont les limites légales aux droits qu'ont les Receveurs de rechercher les inexactitudes des DÉLIBÉRATIONS, DÉCLARATIONS ou ÉVALUATIONS qui sont déposées.

VII. — Moyens de contrôle.

1° *Expertise.*— Si l'estimation des biens, meubles et immeubles paraît insuffisante, les Receveurs peuvent demander l'expertise, conformément aux articles 17, 18 et 19 de la loi du 22 frimaire an VII, et 15 de la loi du 23 août 1871 (a).

Références. — (a) Nos I et VIII.

Cette *expertise* devra porter, selon le cas, sur la valeur vénale (*forfait*), ou sur la valeur en revenu (*déclaration*). Il faudra donc tenir compte de la différence qui existe entre la valeur *vénale* et la valeur *locative* ou le *revenu effectif*, en supposant les immeubles donnés ou pris en location.

Il est assez difficile de déterminer la *valeur locative*, qui s'obtient généralement en multipliant le revenu *cadastral* par le *rehaussement*; or celui-là (*le revenu cadastral*) résulte de la délibération du conseil municipal pour la répartition proportionnelle de l'impôt foncier; et, pour obtenir la *valeur locative*, il faut connaître le *rehaussement*, qui varie beaucoup, non seulement d'un département à un autre, mais souvent même d'une commune à une autre. C'est en multipliant le *revenu cadastral* ou *matriciel* par le *rehaussement* que l'on peut obtenir la *valeur locative*.

Le *rehaussement* n'est connu que de l'administration des Contributions directes, chargée d'établir l'impôt; celle de l'Enregistrement, à qui incombe, pour le cas spécial qui nous occupe, le soin de la perception de ce même impôt, calcule ordinairement la *valeur locative* d'après une *proportion de rehaussement inférieure* à celle adoptée par les Contributions directes, et ni l'une ni l'autre de ces deux administrations ne font connaître le *rehaussement* qu'elles emploient. En cas que l'on prenne le parti de produire des ÉVALUATIONS, c'est plutôt au-dessous qu'au-dessus de l'administration des Contributions directes qu'il convient de rester.

2° *Preuves de droit commun.* — Outre l'*expertise*, dont nous venons de parler, l'administration peut recourir, conformément à l'article 13 de la loi du 23 août 1871 (*a*), à tous les genres de preuves admis par le droit, à l'exception cependant du *serment décisoire*, qui ne peut être déféré, ni demandé.

Pendant dix ans, l'administration peut donc :

a) Provoquer la preuve testimoniale relative à l'actif et au passif, ou à la gérance des Sociétés ou Communautés ;

b) Recourir à l'interrogatoire de témoins sur faits et articles des associés ;

c) Invoquer les présomptions simples ;

Références. — (*a*) N° VIII.

d) User de toutes les énonciations contenues dans les actes opposables aux parties, *s'ils sont parvenus régulièrement à sa connaissance.*

3° *Documents spéciaux.* — L'article 5 de l'ordonnance royale du 14 janvier 1831 (*a*) exige que les demandes en acceptation des dons et legs faits aux Congrégations religieuses soient accompagnées de l'état de l'actif et du passif, ainsi que des revenus et charges des établissements légataires ou donataires. Depuis quelques mois, on exige même que cet état soit fourni en double expédition. L'administration utilisera sans doute ces états, comme moyens de contrôle, le cas échéant.

4° *Droit de communication.* — Plusieurs lois et décrets autorisent les agents de l'Enregistrement à des vérifications dont l'objet et l'étendue sont précisés, notamment dans les articles 54 de la loi du 22 frimaire an VII; 1er, loi du 4 messidor an XIII; 16 et 28, loi du 5 juin 1850 ; 9, loi du 17 juillet 1857 ; 22, loi du 23 août 1871; et 7, loi du 21 juin 1875 (*b*).

Ce droit de contrôle va jusqu'à pouvoir exiger, *mais seulement dans les établissements publics* : communes, hospices, etc., la représentation de tous les livres, registres, titres, pièces de recette, de dépense et de comptabilité.

Nos maisons, quoique d'utilité publique, *ne sont point des établissements publics;* le contrôle ne doit donc pas s'y exercer de la même manière. La représentation des livres, notamment, ne peut pas être exigée, quel que soit le mode que l'on adopte — *délibération, déclaration, évaluation,* — pour faire déterminer la base de l'impôt 3 0/0.

VIII. — Pénalités.

Elles sont indiquées en ces termes dans l'article 3 de la loi du 28 décembre 1880 : « L'inexactitude des *déclarations,* « *délibérations, comptes rendus,* etc., peut être établie confor- « mément aux articles 17, 18 et 19 de la loi du 22 frimaire « an VII (*c*), 13 et 15 de celle du 23 août 1871 (*d*). Chaque « contravention sera punie conformément à l'article 5 de la loi « du 29 juin 1872 (*e*). »

Références — (*a*) N° IV. — (*b*) Nos I, II, V, VII, VIII, XI. — (*c*) N° I. — (*d*) N° VIII. — (*e*) N° IX.

D'après les lois visées et celles auxquelles elles se réfèrent, chaque contravention peut être punie d'une amende de 100 à 5,000 francs, sans préjudice d'un demi-droit en sus, pour omission de déclaration dans les délais légaux (les trois mois qui suivent la cloture de l'exercice), ou d'un droit en sus, plus les frais d'expertise, pour insuffisance de déclaration. Voir aux Références ci-dessous indiquées.

IX. — Lieux de paiement.

C'est au bureau d'enregistrement du *siège social* que l'impôt 3 pour 100 doit être payé.

En tant que Congrégation à Supérieur Général, notre Institut a son *siège principal* à Paris; mais une instruction récente de l'administration de l'Enregistrement contient cette observation importante :

« Un grand nombre de sociétés ont des *succursales*, qui,
« tout en se confondant à certains égards avec l'association
« principale, forment des établissements distincts, ayant une
« existence propre.....

» Ces établissements et *toutes les succursales analogues*
« acquitteront la taxe au bureau de l'Enregistrement de la
« circonscription dans laquelle se trouve leur siège parti-
« culier. »

Nos divers établissements sont des *succursales analogues* à celles dont parle l'instruction ci-dessus, quoiqu'un décret du Chef de l'État n'intervienne pas lors de leur fondation, comme le veut la loi du 24 mai 1825, art. 3 (*a*) pour les établissements importants des Religieuses. Le décret pour le rétablissement de notre Institut en France, les articles 4, 7 et 8, plusieurs fois cités, de nos Statuts, et une jurisprudence constante, depuis près de quatre-vingts ans, établissent d'une façon péremptoire que chaque maison de notre Institut a une existence propre, et que le Frère Directeur avec son conseil en gère les revenus.

C'est ainsi d'ailleurs que chaque maison paie les contributions directes et autres impositions ou taxes, comme chaque

Références. — (*a*) N° III.

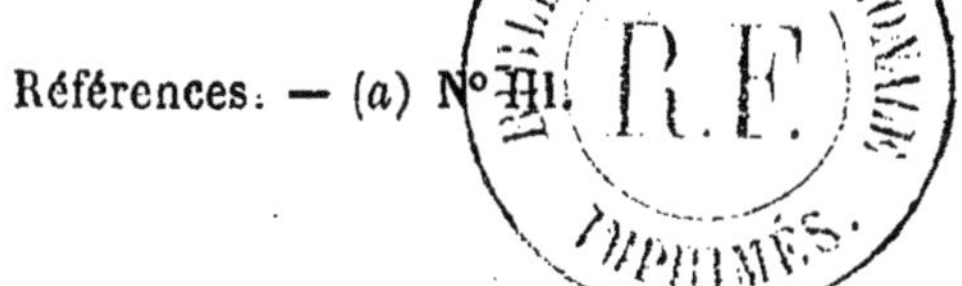

maison aussi reçoit les allocations budgétaires qui la concernent, ou qui forment le traitement des Frères employés dans les écoles publiques. C'est ainsi encore que le Gouvernement, en approuvant les legs et donations, autorise le Supérieur Général à les accepter, mais avec la destination ou l'affectation à telle ou telle maison, qui a été spécifiée par les testateurs ou donateurs.

X. — Vente des objets classiques.

Une erreur assez accréditée, même parmi des personnes très sympathiques à notre Institut, c'est de croire que chaque maison fait des profits à son avantage sur les objets classiques vendus aux élèves. Il faut donc s'attendre à ce que la plupart des Receveurs de l'Enregistrement demandent que ces prétendus bénéfices figurent au compte des recettes.

Nous avons dit et répété plusieurs fois déjà qu'aucun des livres ou registres relatifs à l'administration de nos maisons ne doit être communiqué; mais cela n'empêche point que nous ne recommandions très expressément de disposer le livre spécialement destiné aux *objets classiques* dans un ordre qui facilite le groupement par catégories d'objets, si, comme cela paraît probable, on exige une déclaration, ou un compte rendu sommaire, des achats et des ventes qui auront eu lieu pendant l'année précédente, afin de déterminer les *bénéfices réalisés*, et de les soumettre à l'impôt 3 pour 100.

Peut-être cependant qu'en donnant connaissance aux Receveurs des deux articles suivants de nos STATUTS APPROUVÉS, nos chers Frères Directeurs seront dispensés de produire la balance du compte des *objets classiques*, et les pièces justificatives qui s'y rapportent.

STATUTS. — SECTION II.

« Art. 9. — Il y aura dans chaque maison un Frère qui
« livrera les livres, papier, plumes, etc. à l'usage des
« écoliers, et on leur donnera l'encre gratis, sans exiger d'eux
« quoi que ce soit pour cela.

« Art. 10. — Les Frères distribueront les livres aux écoliers

« aux mêmes prix qu'ils leur auront coûté, *tous frais faits*, et
« ces frais seront tous payés dans la maison où sera le fonds
« d'impression. »

Cette Instruction étant presque *confidentielle*, les articles
ci-dessus devront en être extraits, et c'est seulement la copie
qui devra être communiquée, en cas de besoin, aux Receveurs
de l'Enregistrement. Ils y trouveront la preuve que nos maisons ne font pas un commerce, par la vente des objets classiques, puisque les bénéfices, qui sont le but du négoce, nous
sont absolument interdits.

S'il fallait fournir des explications au sujet de la petite différence entre les prix d'achat et de vente, on ferait remarquer
ces mots de l'article 10 : « *Tous frais faits.* » Ces frais comprennent toutes les pertes par suite d'avaries, de non-paie-
ment de la part de quelques familles, d'étrennes ou de paie
aux commissionnaires, etc. On pourra ajouter que certains
élèves indigents ont besoin qu'on leur donne *gratis*, non seulement l'encre, mais encore la plupart des livres, des cahiers,
des plumes, etc., et qu'enfin, s'il reste parfois un petit bénéfice, les règlements de notre Institut exigent qu'on le fasse
tourner au profit des élèves, en leur distribuant mensuelle-
ment ou trimestriellement des récompenses, pour stimuler
leur émulation.

Nous n'osons pas faire espérer que tous les Receveurs
de l'Enregistrement se contenteront de ces explications, et
qu'ils comprendront que le compte des *objets classiques* contient tant de détails minutieux, qu'il est fort difficile d'y join-
dre « *les justifications nécessaires* », dont parle l'art. 3 de la
loi du 28 décembre 1880.

Il importe donc de tenir avec le plus grand soin, comme nous
l'avons dit ci-dessus, le registre *ad hoc*, afin de déposer, si
on l'exige absolument, l'extrait de la balance, signé et certifié, du compte d'achat et de vente des *objets classiques*.
C'est, en tout cas, à part ou en dehors de la *déclaration des
recettes* et des *dépenses* de la Communauté, qu'il convient
d'exhiber et de déposer l'*extrait de la balance des achats et
ventes des objets classiques;* cette balance n'ayant absolument rien de commun avec les ressources pécuniaires de la
maison.

Nous ferons observer, quoique cela puisse paraître superflu, qu'un *nouveau registre* pour les *objets classiques*, commençant au 1er janvier 1881, sera nécessaire dans la plupart de nos maisons ; les anciens n'étant probablement pas disposés et tenus méthodiquement, pour faciliter une balance des comptes, telle qu'on pourra la demander.

Dans le cas où les Receveurs appliqueraient l'impôt 3 0/0 au petit reliquat qui pourrait se trouver, dans certaines écoles importantes, au 31 décembre, cette taxe ferait partie des frais qui doivent être couverts par le prix de vente des *objets classiques* ; nos communautés ne devant, d'après les termes des STATUTS, ni supporter aucune perte, ni profiter d'aucun bénéfice résultant de la *vente des objets classiques*.

XI. — Résumé.

1° La loi du 28 décembre 1880, sous le nom d'ASSOCIATIONS RECONNUES, veut désigner les CONGRÉGATIONS RELIGIEUSES RECONNUES ; et par MEMBRES DE CES ASSOCIATIONS, ce sont les RELIGIEUX qu'il faut entendre.

2° Notre Institut, ayant chacune de ses maisons « gouververnée par un Directeur », compte autant de succursales que de maisons. Les Directeurs sont, par conséquent, « *les représentants des sociétés* », ou maisons respectives, dans le sens légal et rigoureux du mot.

3° Dans nos grandes communautés, le Directeur et son conseil forment le CONSEIL D'ADMINISTRATION ; c'est pour cela qu'ils doivent signer les comptes chaque trimestre, et surtout la balance faite à l'époque de la visite.

4° Le CONSEIL D'ADMINISTRATION devra prendre, au commencement de l'année prochaine, dans chacune de nos maisons principales, une délibération pour constater les bénéfices, s'il en existe, qui ont été faits pendant l'exercice clos le 31 décembre précédent. Cette délibération, approuvée et signée par le Frère Visiteur du district, semble répondre suffisamment aux prescriptions de l'article 3 de la loi du 28 décembre 1880, qui dit :

« Le revenu est déterminé : 1°...... « 2°. Et pour les autres valeurs, soit par *les délibérations des conseils d'administration*, etc. » Ces délibérations n'ont besoin d'être appuyées d'aucune justification. Reste cependant le contrôle que l'administration de l'Enregistrement peut exercer conformément aux lois et décrets qui régissent la matière.

5° Dans le cas où l'on ne reconnaîtrait pas au CONSEIL D'ADMINISTRATION nommé par le Supérieur Général, conformément aux Règles de l'Institut, un caractère suffisant de légalité, le F. Directeur transformerait la *délibération* en *déclaration* ; mais celle-ci devrait, aux terme de la loi, *être appuyée de toutes les justifications nécessaires.*

6° Les Frères Directeurs des maisons qui ne comptent qu'un petit nombre de Frères, et où n'existe pas un CONSEIL D'ADMINISTRATION proprement dit, feront une *déclaration*, en l'appuyant des *justifications*, comme ci-dessus.

7° L'*Évaluation détaillée des meubles et des immeubles*, ou le *forfait à 5 %*, n'offre aucun avantage, et pourrait donner lieu à de graves difficultés. A moins de permission expresse, aucun Frère Directeur ne doit l'employer.

8° Les registres anciens de nos maisons, qui n'auraient pas été tenus dans un ordre et un état convenables, pour répondre, avec exactitude et facilité, aux exigences de la loi du 28 décembre 1880, seront remplacés par d'autres, qui ne contiendront que les comptes relatifs à l'année 1881, sauf les dettes antérieures, pour lesquelles on inscrira les intérêts au compte des dépenses.

9° Quoique l'administration de l'Enregistrement semble vouloir inviter les Congrégations et les Communautés à faire connaître l'état de leur *Actif* et *Passif* au 31 décembre 1880, ce document n'est pas rigoureusement exigible ; il ne doit donc point être compris dans les *justifications nécessaires* pour appuyer les *déclarations*. S'il survenait des difficultés à cet égard, il faudrait prendre l'avis de personnes compétentes, et le porter à la connaissance du Supérieur Général, par la voie hiérarchique du Visiteur du district, qui donnerait son propre avis, motivé sur les renseignements parvenus à sa connaissance.

10° Les *délibérations* des CONSEILS D'ADMINISTRATION et les *déclarations* des représentants des Congrégations doivent être déposées au bureau de l'Enregistrement de la circonscription où se trouvent les résidences des communautés ; mais ces documents devront comprendre les revenus de tous les

immeubles possédés par les communautés, lors même que plusieurs seraient sis en dehors de la circonscription du bureau
où l'on fait le dépôt des *délibérations* et des *déclarations*. Ces
documents seront écrits sur papier *non timbré*.

11° Sous aucun prétexte, on ne doit désigner les personnes
dont on a reçu des secours, si elles ont exprimé le désir de
conserver *l'anonyme*. Une preuve de ce désir, lorsqu'il n'est
pas exprimé verbalement, c'est l'emploi qu'elles font parfois
d'un moyen indirect pour faire parvenir les aumônes. Quel
que soit le canal ou la voie qui a été employée (prêtre, religieux ou religieuse, membre de notre Institut ou de la Confé-
rence de S. Vincent de Paul, comité, Procure Générale, etc.), il
suffira qu'on ne soit pas formellement autorisé à l'indiquer
pour que le secret soit obligatoire. On se bornera, dans ce
cas, à cette simple indication, qui peut suffire pour l'inscription de toutes les libéralités reçues pendant l'année :

« Aumônes reçues de divers bienfaiteurs *anonymes* pendant l'année 188.... »

12° Il en sera tout autrement, si les bienfaiteurs ont permis
de les nommer, et de faire connaître la voie qu'ils ont employée pour adresser leurs aumônes.

13° Notre Procure Générale possède les titres de rente ac-
ceptés pour l'entretien de plusieurs de nos maisons, *en vertu
de décrets rendus par le Chef de l'Etat*. Les maisons fondées
en tout ou en partie peuvent fournir ce renseignement, s'il
leur est demandé.

Mais, outre ces maisons, il y en a d'autres qui ont reçu des
aumônes par la voie de ladite Procure. On aurait tort de croire
que les bienfaiteurs leur continueront ces secours, ou qu'ils
ont déposé des titres de rente qui les garantissent, ou bien
que la Procure puisse y suppléer.

Les bénéfices résultant des remises faites par les éditeurs
et les fournisseurs des *objets classiques* ne suffiraient pas aux
besoins de la Maison Mère, et aux autres charges qui incom-
bent à la Procure Générale, si la charité privée ne nous venait
en aide.

Les Noviciats cependant continueront à recevoir une part
des remises faites par les éditeurs, sur les prix courants des
objets classiques. Ces établissements sont donc les seuls qui,
avec les maisons fondées, comme il est dit ci-dessus, puissent

faire figurer dans leurs recettes des allocations, rentes o u secours provenant de la Procure Générale.

14° Aux termes de la loi, « le paiement de la taxe appli-« cable à l'année expirée sera fait dans les trois premiers mois « de l'année suivante. »

Quelques communautés ont été cependant déjà invitées à faire connaître le mode qu'elles veulent adopter, pour *déterminer les produits ou bénéfices imposables.*

La plupart de nos maisons peuvent répondre, si une telle question leur est adressée, que, loin de faire des bénéfices, elles ne peuvent pourvoir à leur modeste entretien qu'au moyen des aumônes qu'on leur fait..... Ces maisons n'auront par conséquent aucun bénéfice à déclarer : toutes, sans exception, doivent dire qu'elles n'opteront point pour le mode de détermination de l'impôt 3 0/0 avant le mois de mars.

15° Des modèles de *délibérations* pour les *conseils d'administration*, et de *déclarations* pour les Frères Directeurs, seront envoyés dans nos maisons. L'état des recettes et des dépenses qui précède le libellé de la *délibération* ou de la *déclaration* ne devra pas être copié littéralement ; mais chaque communauté rédigera le sien, en ajoutant à ce modèle les articles nécessaires qui n'y figureraient pas, et en retranchant ceux qui ne la concerneraient point. Le libellé devra être envoyé au Frère Visiteur du district dans le courant du mois de janvier, pour qu'il l'approuve ou le corrige.

Au besoin, les Visiteurs enverront ces libellés au Frère Secrétaire Général, pour les faire examiner et corriger par les Frères chargés du contentieux.

16° Toutes les difficultés qui pourront surgir, lorsqu'on fera le dépôt des délibérations ou des déclarations, devront être exposées très fidèlement, sans retard, et avec tous les détails nécessaires au Frère Secrétaire Général, qui indiquera la suite à y donner, selon les divers cas.

17° Les Frères Directeurs profiteront du passage dans leurs maisons des Visiteurs respectifs, ou même leur écriront, pour recevoir soit des indications complémentaires, soit des explications sur tout ce qui précède.

18° L'objet de cette INSTRUCTION est trop en dehors de nos occupations et de nos études ordinaires, pour n'avoir pas à craindre bien des omissions, des inexactitudes, et même des erreurs. Les Frères Directeurs pourront donc recourir à des personnes compétentes, s'ils en connaissent, et invoquer leur autorité, *si elles y consentent*, dans leurs discussions avec les employés de l'Enregistrement. Mais il ne faut point révéler à ces employés l'existence de la présente INSTRUCTION, à laquelle ils n'attribueraient d'ailleurs aucune importance.

Rédigé par la Commission du contentieux, pour être envoyé à nos maisons qui demanderont des explications sur la loi du 28 décembre 1880.

Paris, le 2 août 1881.

RÉFÉRENCES

OU

EXTRAITS DES LOIS, ORDONNANCES ET DÉCRETS

VISÉS DANS L'INSTRUCTION PRÉCÉDENTE.

N° 1.

Loi du 22 frimaire an VII.

ART. 16. — Si les sommes et valeurs ne sont pas déterminées dans un acte ou jugement donnant lieu au droit proportionnel, les parties seront tenues d'y suppléer, avant l'enregistrement, par une déclaration estimative, certifiée et signée au pied de l'acte.

ART. 17. — Si le prix énoncé dans un acte translatif de propriété ou d'usufruit de biens immeubles, à titre onéreux, paraît inférieur à leur valeur vénale à l'époque de l'aliénation, par comparaison avec les fonds voisins de même nature, la régie pourra requérir une expertise, pourvu qu'elle en fasse la demande dans l'année, à compter du jour de l'enregistrement du contrat.

ART. 18. — La demande en expertise sera faite au tribunal civil du département dans l'étendue duquel les biens sont situés, par une pétition portant nomination de l'expert de la nation.

L'expertise sera ordonnée dans la décade de la demande.

En cas de refus par la partie de nommer son expert sur la sommation qui lui aura été faite d'y satisfaire dans les trois jours, il lui en sera nommé un d'office par le tribunal.

Les experts, en cas de partage, appelleront un tiers expert : s'ils ne peuvent en convenir, le juge de paix du canton de la situation des biens y pourvoira.

Le procès-verbal sera rapporté, au plus tard, dans le mois qui suivra la remise qui aura été faite aux experts de l'ordonnance du tribunal, ou dans le mois après l'appel d'un tiers expert.

Les frais de l'expertise seront à la charge de l'acquéreur, mais seulement lorsque l'estimation excédera d'un huitième au moins le prix énoncé au contrat.

L'acquéreur sera tenu dans tous les cas d'acquitter le droit sur le supplément d'estimation, s'il y a une plus-value constatée par le rapport des experts.

ART. 19. — Il y aura également lieu à requérir l'expertise des revenus des immeubles transmis en propriété ou usufruit à tout autre titre qu'à titre onéreux, lorsque l'insuffisance dans l'évaluation en pourra être établie par actes qui puissent faire connaître le véritable revenu des biens.

ART. 27. — Les mutations de propriété ou d'usufruit par décès seront enregistrées au bureau de la situation des biens.

Les héritiers, donataires ou légataires, leurs tuteurs ou curateurs, seront tenus d'en passer déclaration détaillée et de la signer sur le registre.

S'il s'agit de mutation, au même titre, de biens meubles, la déclaration en sera faite au bureau dans l'arrondissement duquel ils se seront trouvés au décès de l'auteur de la succession.

Les rentes et les autres biens meubles, sans assiette déterminée lors du décès, seront déclarés au bureau du décédé.

Les héritiers, légataires ou donataires rapporteront, à l'appui de leurs déclarations de biens meubles, un inventaire ou état estimatif, article par article, par eux certifié, s'il n'a pas été fait par un officier public : cet inventaire sera déposé ou annexé à la déclaration qui sera reçue et signée sur le registre du receveur de l'enregistrement.

ART. 39. — Les héritiers, donataires ou légataires qui n'auront pas fait, dans les délais prescrits, les déclarations des biens à eux transmis par décès, paieront, à titre d'amende, un demi-droit en sus du droit qui sera dû pour la mutation.

La peine pour les omissions qui seront reconnues avoir été faites dans les déclarations, sera d'un droit en sus de celui qui se trouvera dû pour les objets omis : il en sera de même pour les insuffisances constatées dans les estimations des biens déclarés.

Si l'insuffisance est établie par un rapport d'experts, les contrevenants paieront en outre les frais de l'expertise.

Les tuteurs et curateurs supporteront personnellement les peines ci-dessus, lorsqu'ils auront négligé de passer les déclarations dans les délais, ou qu'ils auront fait des omissions ou des estimations insuffisantes.

ART. 54. — Les dépositaires des registres de l'état civil, ceux des rôles des contributions, et tous autres chargés des archives et dépôts des titres publics, seront tenus de les communiquer, sans déplacer, aux préposés de l'Enregistrement, à toute réquisition, et de leur laisser prendre, sans frais, les renseignements, extraits et copies qui leur seront nécessaires pour les intérêts de la République, à peine de cinquante francs d'amende pour refus constaté par procès-verbal du préposé, qui se fera accompagner, ainsi qu'il est prescrit par l'article XII ci-dessus chez les détenteurs et dépositaires qui auront fait refus.

Ces dispositions s'appliquent aussi aux notaires, huissiers, greffiers et secrétaires d'administrations centrales et municipales pour les actes dont ils sont dépositaires.

Sont exceptés les testaments et autres actes de libéralité à cause de mort, du vivant des testateurs.

Les communications ci-dessus ne pourront être exigées les jours de repos ; et les séances, dans chaque autre jour, ne pourront durer plus de quatre heures de la part des préposés, dans les dépôts où ils feront leurs recherches.

ART. 68. — Les actes compris sous cet article seront enregistrés et les droits payés ainsi qu'il suit; savoir :

Les partages de biens meubles et immeubles entre copropriétaires, à quelque titre que ce soit, pourvu qu'il en soit justifié.

S'il y a retour, le droit sur ce qui en sera l'objet, sera perçu aux taux réglés pour les ventes.

N° II.

Loi du 4 messidor an XIII.

ART. 1er. — Les receveurs des droits et revenus des communes, et de tous autres établissements publics, les dépositaires des registres et minutes d'actes concernant l'administration des biens des hospices, fabriques des églises, chapitres et de tous autres établissements publics, sont tenus de communiquer, sans déplacer, à toute réquisition, aux préposés de l'Enregistrement, leurs registres et minutes d'actes, à l'effet par lesdits préposés, de s'assurer de l'exécution des lois sur le timbre et l'enregistrement.

N° III.

Loi du 24 mai 1825.

ART. 3. — Il ne sera formé aucun établissement d'une congrégation religieuse de femmes déjà autorisée, s'il n'a été préablement informé sur la convenance et les inconvénients de l'établissement, et si l'on ne produit à l'appui de la demande le consentement de l'évêque diocésain, et l'avis du conseil municipal de la commune où l'établissement devra être formé.

L'autorisation spéciale de former l'établissement sera accordée par ordonnance du roi, laquelle sera insérée dans quinzaine au Bulletin des Lois.

N° IV.

Ordonnance du 14 janvier 1831.

ART. 5. — L'état de l'actif et du passif, ainsi que des revenus et charges des établissements légataires ou donataires, vérifié et certifié par le préfet, sera produit à l'appui de leur demande en autorisation d'accepter les dons et legs qui leur seraient faits.

N° V.

Loi du 5 juin 1850.

ART. 16. — Les titres ou certificats d'actions seront tirés d'un registre à souche ; le timbre sera apposé sur la souche et le talon.

Le dépositaire du registre sera tenu de le communiquer aux préposés de l'Enregistrement, selon le mode prescrit par l'article 54 de la loi du 22 frimaire an VII, et sous les peines y énoncées.

ART. 28. — Les titres seront tirés d'un registre à souche.

Le dépositaire du registre sera tenu de le communiquer aux préposés de l'Enregistrement, selon le mode prescrit par l'article 54 de la loi du 22 frimaire an VII, et sous les peines y énoncées.

N° VI.

Loi du 23 juin 1857.

ART. 10. — Toute contravention aux précédentes dispositions, et à celles des réglements qui seront faits pour leur exécution, est punie d'une amende de 100 fr. à 5.000 fr., sans préjudice des peines portées par l'art. 39 de la loi du 22 frimaire an VII, pour omission ou insuffisance de déclaration.

N° VII.

Loi du 17 juillet 1857.

ART. 9. — Les dépositaires des registres à souche et des registres de transferts et conversions de titres de sociétés, compagnies et entreprises seront tenus de les communiquer sans déplacement, ainsi que toutes les pièces et documents relatifs auxdits transferts et conversions, aux préposés de l'Enregistrement, à toute réquisition, et de leur laisser prendre, sans frais, les renseignements, extraits et copies qui seront nécessaires dans l'intérêt du Trésor public, à peine de l'amende prononcée par l'art. 10 de la loi du 23 juin 1857, pour chaque refus.

Le refus de la société ou de ses agents sera établi, jusqu'à inscription de faux, par le procès-verbal du préposé, affirmé dans les vingt-quatre heures.

N° VIII.

Loi du 23 août 1871.

Art. 12. — Toute dissimulation dans le prix d'une vente et dans la soulte d'un échange ou d'un partage sera punie d'une amende égale au quart de la somme dissimulée, et payée solidairement par les parties, sauf à la répartir entre elles par égale part.

Art. 13. — La dissimulation peut être établie par tous les genres de preuves admises par le droit commun. Toutefois, l'administration ne peut déférer le serment décisoire et elle ne peut user de la preuve testimoniale que pendant dix ans, à partir de l'enregistrement de l'acte.

L'exploit d'ajournement est donné soit devant le juge du domicile de l'un des défendeurs, soit devant celui de la situation dès biens, au choix de l'administration. La cause est portée, suivant l'importance de la réclamation, devant la justice de paix ou devant le tribunal civil. Elle est instruite et jugée comme en matière sommaire; elle est sujette à appel, s'il y a lieu. Le ministère des avoués n'est pas obligatoire; mais les parties qui n'auraient pas constitué avoué ou qui ne seraient pas domiciliées dans le lieu où siège la justice de paix ou le tribunal seront tenues d'y faire élection de domicile, à défaut de quoi toutes significations seront valablement faites au greffe.

Le notaire qui reçoit un acte de vente, d'échange ou de partage, est tenu de donner lecture aux parties des dispositions du présent article et de celles de l'article 12 ci-dessus. Mention expresse de cette lecture sera faite dans l'acte, à peine d'une amende de dix francs.

Art. 15. — Lorsque, dans les cas prévus par la loi du 22 frimaire an VII et par l'art. 14 de la présente loi, il y a lieu à expertise, et que le prix exprimé ou la valeur déclarée n'excède pas deux mille francs, cette expertise est faite par un seul expert nommé par toutes les parties, ou, en cas de désaccord, par le président du tribunal et sur simple requête.

Art. 22. — Les sociétés, compagnies, assureurs, entrepreneurs de transports, et tous autres assujettis aux vérifications des agents de l'Enregistrement par les lois en vigueur sont tenus de représenter auxdits agents leurs livres, registres, titres, pièces de recette, de dépense et de comptabilité, afin qu'ils s'assurent de l'exécution des lois sur le timbre.

Tout refus de communication sera constaté par procès-verbal, et puni d'une amende de cent à mille francs.

Nº IX.

Loi du 29 *juin* 1872.

Article premier. — Indépendamment des droits de timbre et de transmission établis par les lois existantes, il est établi, à partir du 1er juillet 1872, une taxe annuelle et obligatoire :

Sur les intérêts, dividendes, revenus et tous autres produits des actions de toute nature, des sociétés, compagnies ou entreprises quelconques financières, industrielles, commerciales ou civiles, quelle que soit l'époque de leur création ;

Sur les arrérages et intérêts annuels des emprunts et obligations des départements, communes et établissements publics, ainsi que des sociétés, compagnies et entreprises ci-dessus désignées ;

Sur les intérêts, produits et bénéfices annuels des parts d'intérêts et commandites dans les sociétés, compagnies et entreprises dont le capital n'est plus divisé en actions.

Art. 2. — Le revenu est déterminé :

Pour les actions, par le dividende fixé d'après les délibérations des assemblées générales d'actionnaires ou des conseils d'administration, les comptes rendus ou tous autres documents analogues ;

Pour les obligations ou emprunts, pour l'intérêt ou le revenu distribué dans l'année ;

Pour les parts d'intérêts et commandites, soit par la délibération des conseils d'administration des intéressés, soit, à défaut de délibération, par l'évaluation à 5 pour 100 du montant du capital social ou de la commandite, ou du prix moyen des cessions de parts d'intérêts consenties pendant l'année précédente.

Les comptes rendus et les extraits des délibérations des conseils d'administration ou des actionnaires seront déposés dans les vingt jours de leur date au bureau de l'Enregistrement du siège social.

Art. 3. — La quotité de la taxe établie par la présente loi est fixée à 3 pour 100 du revenu des valeurs spécifiées en l'article premier.

Le montant en est avancé, sauf leur recours, par les sociétés, compagnies, entreprises, villes, départements ou établissements publics.

Pour l'année 1872, les revenus, intérêts et dividendes seront sujets à la taxe pour moitié seulement de leur montant, quelle que soit d'ailleurs l'époque à laquelle le paiement aura lieu.

A partir de la promulgation de la présente loi, le taux des droits et taxes établis par la loi du 23 juin 1857 et par celles des 16 septembre 1871 et 30 mars 1872, est réduit ainsi qu'il suit ; savoir :

A 50 centimes par 100 francs pour la transmission ou la conversion des titres nominatifs.

A 20 centimes par 100 francs pour la taxe à laquelle sont assujettis les titres au porteur.

Ces droits et taxes ne sont pas soumis aux décimes.

ART. 5. Chaque contravention aux dispositions qui précèdent et à celles du règlement d'administration publique qui sera fait pour leur exécution, sera punie conformément à l'article 10 de la loi du 23 juin 1857.

Le recouvrement de la taxe sur le revenu sera suivi, et les instances seront introduites et jugées comme en matière d'enregistrement.

Nº X.

Décret du 6 décembre 1872.

ARTICLE PREMIER. — La taxe de 3 0[0 établie par la loi du 29 juin 1872 est avancée par les sociétés, compagnies, entreprises, départements, communes et établissements publics, et payée au bureau de l'enregistrement du siège social ou administratif désigné à cet effet; savoir :

Pour les obligations, emprunts et autres valeurs dont le revenu est fixé et déterminé à l'avance, en quatre termes égaux, d'après les produits annuels afférents à leurs valeurs ;

Pour les actions, parts d'intérêts, commandites et emprunts à revenu variable, en quatre termes égaux déterminés provisoirement d'après le résultat du dernier exercice réglé, et calculés sur les quatre cinquièmes du revenu, s'il en a été distribué, et en ce qui concerne les sociétés nouvellement créées, sur le produit évalué à 5 0/0 du capital appelé.

Chaque année, après la clôture des écritures relatives à l'exercice, il est procédé à une liquidation définitive de la taxe due pour l'exercice entier. Si de cette liquidation il résulte un complément de taxe au profit du Trésor, il est immédiatement acquitté. Dans le cas contraire, l'excédant versé est imputé sur l'exercice courant, ou remboursé si la société est arrivée à son terme, ou si elle cesse de donner des revenus.

ART. 2. — Les paiements à faire en quatre termes doivent être effectués dans les vingt premiers jours des mois de janvier, avril, juillet et octobre de chaque année.

La liquidation définitive a lieu au moment du dépôt, prescrit par l'article 2 de la loi du 29 juin 1872, des comptes rendus et extraits des délibérations des assemblées générales d'actionnaires, ou des conseils d'administration, ou de tous autres documents analogues fixant le dividende distribué.

Cette liquidation doit être établie dans les vingt premiers jours du mois de mai pour les sociétés auxquelles leurs statuts n'imposent pas l'obligation de prendre des délibérations sur cet objet. Dans ce cas, la liquidation définitive est opérée à raison de 5 0/0 du prix moyen des cessions de parts d'intérêts consenties pendant l'année précédente et dûment enregistrées, et, à défaut de cessions, d'après l'évaluation à 5 0/0 du montant du capital social ou de la commandite.

Les sociétés, compagnies ou entreprises étrangères dont les titres ne sont pas cotés, mais qui ont pour objet des biens meubles ou immeubles situés en France, doivent la taxe sur le revenu, à raison des valeurs françaises qui en dépendent, et acquittent cette taxe d'après une quotité du capital social fixé par le ministre des finances, sur l'avis préalable de la commission instituée par le règlement ci-dessus indiqué. Elles doivent, à cet effet, faire agréer par le ministre des finances, avant le 1er décembre 1872, si elles existent actuellement, et, dans le cas contraire, avant toute opération en France, un représentant français personnellement responsable des droits et amendes.

<h2 style="text-align:center">N° XI.</h2>

Loi du 21 juin 1875.

ART. 7. — Les sociétés, compagnies d'assurances, assureurs contre l'incendie ou sur la vie, et tous autres assujettis aux vérifications de l'administration, sont tenus de communiquer aux agents de l'Enregistrement, tant au siège social que dans les succursales et agences, les polices et autres documents énumérés dans l'article 22 de la loi du 23 août 1871, afin que ces agents s'assurent de l'exécution des lois sur l'enregistrement et le timbre.

Tout refus de communication sera constaté par procès-verbal et puni de l'amende spécifiée en l'art. 22 de la loi du 23 août 1871.

<h2 style="text-align:center">N° XII.</h2>

Loi du 1er décembre 1875.

ARTICLE PREMIER. — Les dispositions de l'article 1er paragraphe 3 de la loi du 29 juin 1872, ne sont pas applicables aux parts d'intérêts, dans les sociétés commerciales en nom collectif, et elles ne s'appliquent, dans les sociétés en commandite, dont le capital n'est pas divisé par actions, qu'au montant de la commandite.

ART. 2. — La même exception s'applique aux parts d'intérêts dans les sociétés de toute nature, dites de coopération, formées exclusivement entre des ouvriers ou artisans au moyen de leurs cotisations périodiques.

PARIS. — IMP. V. GOUPY ET JOURDAN, RUE DE RENNES, 71.